Analyse

Le Silence de la mer

de Vercors

lePetitLittéraire.fr

Rendez-vous sur lepetitlitteraire.fr et découvrez :

Plus de 1200 analyses
Claires et synthétiques
Téléchargeables en 30 secondes
À imprimer chez soi

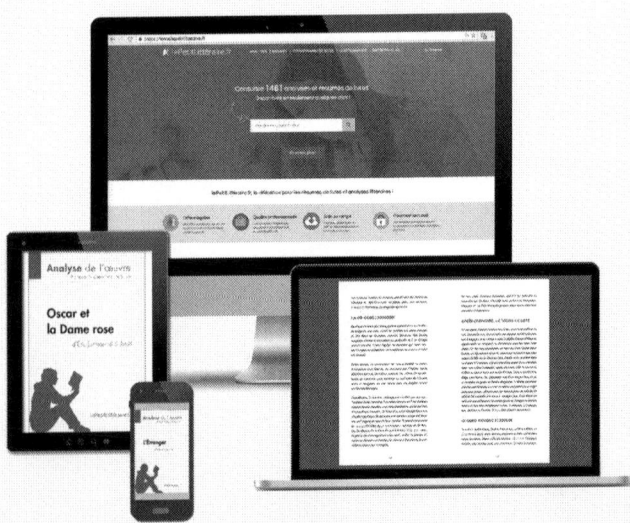

VERCORS	**1**
LE SILENCE DE LA MER	**2**
RÉSUMÉ	**3**
ÉTUDE DES PERSONNAGES	**7**

Werner von Ebrennac
La nièce
L'oncle

CLÉS DE LECTURE	**9**

Contexte historique
Les Éditions de Minuit
Une nouvelle engagée
Le thème du silence
Deux personnages métaphoriques

PISTES DE RÉFLEXION	**21**
POUR ALLER PLUS LOIN	**23**

VERCORS

ÉCRIVAIN ET DESSINATEUR FRANÇAIS

- **Né en 1902 à Paris**
- **Décédé en 1991 dans la même ville**
- **Quelques-unes de ses œuvres :**
    - *Le Silence de la mer* (1942), nouvelle
    - *Les Animaux dénaturés* (1952), roman
    - *Zoo ou l'Assassin philanthrope* (1963), pièce théâtre

Né à Paris en 1902, Vercors (de son vrai nom Jean Bruller) est d'abord dessinateur humoriste et critique d'art. Il entre en littérature en fondant, en 1941, la maison d'édition clandestine les Éditions de Minuit où il publie sa première nouvelle, *Le Silence de la mer*.

Il s'engage dans la Résistance pendant la Seconde Guerre mondiale (1939-1945), prenant le nom de Vercors, avant de rejoindre un comité sanctionnant les écrivains collaborationnistes. Il s'engage ensuite, entre autres aux côtés de Jean-Paul Sartre (philosophe et écrivain français, 1905-1980), contre la guerre d'Algérie (1954-1962).

Il est l'auteur de romans, comme *Les Animaux dénaturés* (1952), de nouvelles (*Le Songe*, 1944, *Les Armes de la nuit*, 1946, *La Puissance du jour*, 1951) ainsi que d'essais et d'une pièce de théâtre. Il meurt à Paris en 1991.

LE SILENCE DE LA MER

UNE ŒUVRE CLANDESTINE

- **Genre :** nouvelle
- **Édition de référence :** *Le Silence de la mer*, Paris, Le Livre de Poche, 1994, 188 p.
- **1re édition :** 1942
- **Thématiques :** Occupation, Résistance, silence, soumission, union

Publié clandestinement en 1942, *Le Silence de la mer* a longtemps fait l'objet d'un véritable culte, en raison du message patriotique qu'il délivre. Le texte est inspiré de faits réels (Vercors a lui-même accueilli dans sa maison un officier allemand) et est dédié au poète français Saint-Pol-Roux (1861-1940), mort quelque temps après avoir subi l'invasion de son manoir par les nazis.

Le récit est mené du point de vue d'un vieil homme qui vit, en 1941, avec sa nièce dans sa maison réquisitionnée par un officier allemand. Le jeune homme, épris de culture française et croyant à l'unification des deux pays en guerre, se heurte pendant tout son séjour au silence obstiné des deux maitres des lieux, qui expriment ainsi leur patriotisme.

RÉSUMÉ

En novembre 1941, la maison du narrateur est réquisitionnée pour loger des militaires allemands. Les soldats s'installent dans les dépendances tandis que, deux jours plus tard, un officier du nom de Werner von Ebrennac vient occuper une chambre dans la maison. Il s'agit d'un jeune homme aux bonnes manières, affable et souriant, qui parle un français impeccable. Il se dit désolé de déranger la vie de la maison et tente d'entrer en contact avec le narrateur et sa nièce, mais il se heurte constamment à leur mutisme. Cependant, il ne leur en tient pas rigueur et affirme même admirer leur patriotisme. Chaque jour, Werner vient les saluer sans pour autant recevoir en échange la moindre parole. Pourtant, lorsque Werner ne parait pas à l'heure habituelle, l'oncle ne peut s'empêcher de guetter son pas trainant. La même scène se répète pendant plus d'un mois et, malgré l'hostilité des habitants, l'officier semble apprécier la maison et examine souvent à la dérobée la jeune fille, qui ne lui accorde pas un regard.

Werner se révèle être un grand amateur de la France et de sa culture, et admire souvent les nombreux ouvrages d'auteurs français dont regorge la bibliothèque de ses hôtes. Il reconnait volontiers leur art et leur maitrise de la littérature, mais il n'est pas prêt à leur accorder la supériorité en musique : selon lui, les plus grands compositeurs sont tous allemands. Par ailleurs, il déplore la guerre entre ces deux pays qu'il juge si complémentaires. Il est persuadé que la France et l'Allemagne s'uniront un jour comme mari et femme. Il affirme également, en regardant fixement la jeune fille, vouloir rester en France après la guerre. Il souhaite plus que tout y être accueilli.

Un soir, alors qu'il neige, Werner arrive devant eux en civil et demande à se réchauffer près du feu. Il leur parle de ses passions et évoque son métier de compositeur, qui est toute sa vie. Il souhaite d'ailleurs créer une musique plus « humaine ». Suite à cette révélation, le narrateur se dit qu'il est « peut-être inhumain de lui refuser l'obole d'un seul mot » (p. 26). Dorénavant, sous prétexte de se réchauffer, Werner vient chaque soir, en civil, passer quelques moments avec eux, monologuant à propos de la France, de son pays ou de la musique.

Malgré tous ses efforts pour entrer en contact avec eux, ses hôtes restent totalement muets. Le narrateur, de son côté, admire sa persévérance et s'étonne qu'il ne soit pas découragé par leur mutisme. « Je suis heureux d'avoir trouvé ici un vieil homme digne. Et une demoiselle silencieuse. Il faudra vaincre ce silence. Il faudra vaincre le silence de la France » (p. 29), dit-il un soir en regardant la nièce, qui rougit légèrement et tire nerveusement sur son aiguille. Il évoque ensuite le conte de *La Belle et la Bête*, pour expliquer son ressenti : il semble s'identifier à la Bête qui est méprisée par la Belle.

Pendant tout l'hiver, Werner continue à parler seul de sa forêt natale, près de Munich, des villes européennes qu'il a traversées et de la France. Un soir, alors que le jeune homme évoque sa fiancée allemande, il remarque que la nièce de son hôte casse brusquement son fil. Mais Werner explique qu'il a rompu avec elle, car elle était cruelle, comme beaucoup d'Allemands, selon lui. Il attend justement de la France qu'elle guérisse ses compatriotes, mais pour cela il faut de l'amour : « Il ajout[e], sur un ton de calme résolution : un amour partagé. » (p. 35)

Au printemps, il leur annonce qu'il va passer à Paris une permission de deux semaines. Il y rejoint quelques amis qui participent aux négociations pour unir la France et l'Allemagne. C'est un grand jour pour lui, annonce-t-il, en attendant une union encore plus importante, pour laquelle il se dit prêt à patienter. Lorsque la date du retour arrive, ses hôtes ne le voient pas pendant plusieurs semaines. La nièce montre peu à peu son impatience à recevoir de ses nouvelles. L'oncle ressent alors « la colère d'être absurde et d'avoir une nièce absurde » (p. 42).

En juillet, se rendant à l'état-major pour une formalité, l'oncle le croise et remarque ses traits tirés. Trois jours plus tard, ils devinent la présence de l'officier derrière la porte. Il semble hésiter avant de frapper. L'oncle guette l'approbation de sa nièce, qui ne vient pas, et finit par dire : « Entrez, monsieur » (p. 44), signifiant ainsi qu'il s'adresse à l'homme et non au soldat. Werner apparait en uniforme, raide et impassible, son habituel sourire absent cette fois-ci de son visage. L'oncle remarque qu'une de ses mains se crispe convulsivement. Au prix d'un effort qui semble surhumain, Werner leur annonce qu'il leur faut oublier tout ce qu'il a dit dans cette maison. Alors, pour la première fois, la nièce lève les yeux vers lui. Il leur annonce qu'à Paris, ses amis se sont moqués de lui et de ses rêves d'union entre les deux nations ennemies parce que leur seule ambition était de faire de la France « une chienne rampante » (p. 46). Tremblant, il ajoute que plus aucun livre français ne pénètrera désormais en Allemagne et que, bientôt, l'Europe ne sera plus éclairée par cette lumière.

Il annonce ensuite qu'il part pour l'enfer du front russe. L'oncle pense alors amèrement que même un homme tel que Werner finit par se soumettre, tandis que la nièce devient subitement livide et semble vouloir articuler un mot. Puis l'officier murmure un adieu à l'adresse de la jeune fille, en la fixant intensément jusqu'à ce qu'elle aussi dise la même chose. Le jeune homme semble alors apaisé et retrouve son sourire, dernière image que gardera le narrateur de l'officier. Celui-ci quitte la maison le lendemain, avant que l'oncle et la nièce ne soient levés.

ÉTUDE DES PERSONNAGES

WERNER VON EBRENNAC

Werner est « un soldat mince, blond et souriant » (p. 17). Le narrateur souligne sa haute taille, et son visage beau et viril, marqué toutefois par deux dépressions le long des joues. Il le compare à l'acteur français Louis Jouvet (1887-1951).

Officier dans l'armée allemande pendant la Seconde Guerre mondiale, il est compositeur dans la vie civile. Très cultivé, tout particulièrement épris de littérature française, il est persuadé que la guerre servira à unir les deux grandes nations que sont la France et l'Allemagne. Il tente de faire partager ses vues au narrateur et à sa nièce, pour laquelle il éprouve visiblement un sentiment amoureux, mais il ne réussit à lui extorquer qu'un mot d'adieu.

LA NIÈCE

La jeune fille a de beaux yeux gris, et Werner contemple souvent sa « nuque frêle et pâle d'où les cheveux s'élèv[ent] en torsades de sombre acajou » (p. 35). Elle ressent une forte attirance pour l'officier, révélée par sa nervosité lorsqu'elle est en sa présence, mais ne sortira pas pour autant de son mutisme obstiné et de sa « fixité inhumaine de grand-duc » (p. 43). Elle est aussi musicienne et décide de ne plus jouer tant que l'officier sera sous son toit, renforçant ainsi son hostilité.

L'ONCLE

C'est de son point de vue qu'est mené le récit. L'officier souligne d'emblée sa dignité qu'il apprécie. Le vieil homme lui aussi se tait pendant tout le séjour de Werner, mais semble toutefois très vite tiraillé entre son patriotisme et l'admiration qu'il éprouve pour l'officier, si courtois et si cultivé, et pour ses idées politiques généreuses. Souffrant d'offenser le jeune homme par son silence, il envisage rapidement de « lui accorder l'obole d'une parole » (p. 26), mais il se rétracte devant le refus indigné de sa nièce.

CLÉS DE LECTURE

CONTEXTE HISTORIQUE

Le Silence de la mer est publié dans un contexte particulier. À la suite de la défaite de l'armée française le 22 juin 1940, l'armistice est signé avec l'Allemagne. Cela met fin à une guerre que l'on a nommée « la drôle de guerre » : mal préparée et mal conduite, la défaite est actée en quelques mois seulement. Le climat de cette époque, qui est à la déliquescence et à la confusion, a parfaitement été décrit par Vercors dans *La Bataille du silence*.

Cet armistice permet aux Allemands de redécouper la carte de France en deux parties : le Nord et l'Ouest du territoire sont désormais occupés par l'Allemagne victorieuse, et le Sud est qualifié de zone libre. Celle-ci est sous l'autorité, entre le 10 juillet 1940 et le 20 août 1944, du régime politique dirigé par le maréchal Philippe Pétain (1856-1951), qui est désigné sous le nom de « Gouvernement de Vichy » ou encore de « régime de Vichy ». La Révolution nationale mise en œuvre par Vichy se fonde sur une idéologie inspirée par l'Allemagne nazie : nationaliste, antisémite et antidémocratique. Les pleins pouvoirs sont désormais aux mains de Pétain, et la démocratie fait place à un régime autoritaire, qui met en place une propagande politique et érige un culte de la personnalité à cet homme qualifié de providentiel, qui bénéficie en outre du soutien d'une partie de la population après la capitulation française face à la supériorité de l'armée allemande.

Ces années sont donc tristement marquées par la collaboration avec l'Allemagne nazie. Une entrevue, entre Hitler (1889-1945) et Pétain, le 24 octobre 1940, permet d'entériner cette entente entre l'occupant et le Gouvernement de Vichy. La collaboration avec l'Allemagne se fait avant tout sur un plan économique et idéologique, par l'arrestation de résistants et de très nombreuses rafles de Juifs. La devise de la République française, « Liberté, Égalité, Fraternité » devient : « Travail, Famille, Patrie ».

Toutefois, cette convention d'armistice ne plait pas à tout le monde. Rapidement, des réseaux clandestins voient le jour, et la Résistance se met en place. L'appel du 18 juin 1940 du général de Gaulle (1890-1970), depuis les studios de la BBC à Londres, stimule les Français à résister à l'ennemi. Ainsi, c'est donc au péril de leur vie que les résistants mènent des actions diverses et variées (sabotage, diffusion d'informations, etc.). Les résistants proviennent de tous les milieux sociaux et de toutes les sensibilités politiques. Les motivations pour devenir résistant sont multiples : refus du régime de Vichy, refus de l'occupation nazie, refus des lois antisémites...

La zone libre devient, à partir de novembre 1942, la zone sud : les troupes allemandes y débarquent et s'installent. L'autorité et la souveraineté de Pétain et de son Gouvernement ne sont alors, en pratique, plus que de la fiction.

À la suite du débarquement du 6 juin 1944 en Normandie, les troupes alliées lancent une offensive d'envergure. L'opération est un franc succès et permet de percer les lignes allemandes et ainsi d'entrer à l'intérieur du territoire français. Deux mois plus tard, à la fin du mois d'aout 1944, Paris est libéré. Le 15 aout, le débarquement des Américains en Provence provoque la chute du régime de Vichy, obligeant le maréchal Pétain à fuir la France. Il sera transféré à Sigmaringen (Allemagne) où réside, jusqu'en avril 1945, l'ensemble du Gouvernement exilé de Vichy. Cet épisode est romancé par Louis Ferdinand Céline (écrivain français, 1894-1961), présent également à Sigmaringen, dans *D'un château l'autre*.

LES ÉDITIONS DE MINUIT

En 1941, le dessinateur Jean Bruller et l'écrivain Pierre de Lescure fondent les Éditions de Minuit. Cette maison d'édition, qui vivra les quatre années suivantes dans la clandestinité, publie son acte fondateur en février 1942 : *Le Silence de la mer*, d'un dénommé Vercors. Celui-ci est en réalité Jean Bruller. Celui-ci prend en outre comme pseudonyme d'éditeur Desvignes. Le récit, tiré à 350 exemplaires, obtient très vite une certaine renommée dans le paysage français résistant de l'époque.

Vercors expliquera plus tard, dans *La Bataille du silence* (1967), le choix du nom de cette maison d'édition clandestine :

> « Éditions souterraines, Éditions des Catacombes [...], Éditions de la Liberté, Éditions du Refus... Mais un jour, rue Bonaparte, je jouais avec les mots : l'ombre, la nuit, minuit – sur ce dernier me reviennent soudain un titre de Duhamel [écrivain français, 1884-1966], un autre de Mac Orlan [écrivain français, 1882-1970]... La Confession de Minuit...

> La Tradition de Minuit... Bon sang, mais voilà ce qu'il nous faut : Les Éditions de Minuit ! J'en suis si enchanté que je file aussitôt chez Lescure qui n'en est pas moins heureux que moi. » (*La Bataille du silence*, p. 209)

Les Éditions de Minuit voient ensuite l'arrivée de Jean Paulhan (écrivain et éditeur français, 1884-1968). Ensemble, ils partent à la recherche de nouveaux manuscrits à publier. Rapidement, la machine fonctionne grâce à l'aide d'un réseau de résistants réunissant principalement des amis. Travaillant clandestinement, ils risquent tous leur vie. Des écrivains de renom comme François Mauriac (1885-1970), Paul Éluard (1895-1952), ou encore Louis Aragon (1897-1982) sont publiés, tous sous pseudonyme, durant l'Occupation.

Selon le professeur de littérature James Steel, la maison s'était donnée deux buts : « permettre à des écrivains français d'être publiés en France sans avoir à se soumettre à la censure de l'occupant, et projeter à l'étranger une image de la France qui fasse concurrence à celle de Vichy » (*Littératures de l'ombre. Récits et nouvelles de la Résistance 1940-1944*).

Dès lors, les Éditions de Minuit sont rapidement connues et reconnues en dehors du territoire français grâce à la nouvelle de Vercors qui jouit d'une grande renommée. À titre d'exemple, le représentant du général de Gaulle s'exprime de Londres, sur la radio anglaise BBC, en ces termes : « Mais pour que vive la France, [...] les tracts, les pamphlets ne suffisent pas. Il faut des œuvres, il faut des livres. Et je m'adresse à vous, Vercors, encore inconnu et déjà célèbre [...]. » (cité dans Rivera Lynch L. P., « *Le Silence de la mer* de Vercors ou Le Manifeste de la Résistance », in

PolitProductions, 1993)

À la suite du débarquement de Normandie (6 juin 1944), alors que la fin de la guerre est maintenant proche, Vercors se demande quel sera l'avenir des Éditions de Minuit, doivent-elles encore « publier des œuvres consacrées à la défense de la pureté de l'esprit ? N'est-ce pas le moment d'appeler, nous aussi, à la révolte et au combat ? » (*La Bataille du silence*, p. 327) Vercors ne désire pas que continue l'activité d'une maison d'édition qui porte dans son nom même l'époque de troubles durant laquelle elle a été créée.

Pourtant, celle-ci perdure. Les premières années après la guerre sont financièrement difficiles pour les Éditions de Minuit, et Vercors se retire peu à peu pour s'en aller définitivement en 1949. Entretemps, Jérôme Lindon (éditeur français, 1925-2001) arrive en 1948, sauvant financièrement la maison. Celle-ci devient emblématique dans les décennies suivantes, en publiant notamment les auteurs de ce qui a été appelé le Nouveau Roman : Samuel Beckett (écrivain, poète et dramaturge irlandais, 1906-1989), prix Nobel de littérature en 1969, et Claude Simon (écrivain français, 1913-2005), lauréat du même prix en 1985, ainsi que des auteurs telles que Marguerite Duras (écrivaine française, 1914-1996) ou encore Nathalie Sarraute (écrivaine française, 1900-1999). Elie Wiesel (écrivain américain d'expression française, 1928-2016), un autre auteur publié aux Éditions de Minuit, est quant à lui lauréat du prix Nobel de la paix en 1986.

UNE NOUVELLE ENGAGÉE

Le genre de la nouvelle

Le genre de la nouvelle s'esquisse au début du XIXe siècle avec Prosper Mérimée (écrivain français, 1803-1870) et atteint son plein essor avec des auteurs tels que Guy de Maupassant (1850-1893), Théophile Gautier (1811-1872) ou Émile Zola (1840-1902). Son émergence est liée à l'essor de la presse qui publie facilement ces récits courts.

La nouvelle présente généralement les caractéristiques suivantes :

- c'est un récit bref de plusieurs dizaines de pages, centré sur une aventure unique. Dans *Le Silence de la mer*, il s'agit du séjour chez le narrateur d'un officier allemand en 1941 ;
- les personnages sont peu nombreux. Ils ne sont que trois dans la nouvelle de Vercors et les personnages secondaires occupent peu de place dans le récit – la rencontre de Werner avec ses amis à Paris, par exemple, ne sera rapportée qu'au retour de l'officier ;
- la psychologie des personnages n'est pas approfondie. Vercors la laisse deviner au travers de l'attitude de ses personnages ;
- le cadre spatiotemporel est limité. Ici, la majeure partie de l'action se déroule dans la maison de l'oncle et ne dure que quelques mois.

Un récit engagé

À toutes les époques, des écrivains ont choisi de participer activement à la vie de la société de leur temps en exprimant dans leurs œuvres leurs choix politiques et idéologiques. Ils soutiennent le plus souvent des causes qui assurent la promotion de la justice et de la liberté. On peut citer Voltaire (écrivain français, 1694-1778) luttant contre l'absolutisme royal, le fanatisme et la torture, Victor Hugo (écrivain français, 1802-1885) se révoltant contre la misère sociale, ou Zola prenant la défense du capitaine Dreyfus (officier français de confession juive injustement condamné, 1859-1935).

L'occupation de la France par les Allemands lors de la Seconde Guerre mondiale réactive cette mission que s'assignent certains auteurs. Des poètes comme Paul Éluard ou Jacques Prévert (1900-1977) exaltent la résistance à l'ennemi, tandis que Vercors, dans *Le Silence de la mer*, met en scène deux personnages qui luttent à leur manière contre l'oppresseur. Cependant, celui-ci n'a rien d'agressif, ce que les lecteurs de la nouvelle ont d'ailleurs bien perçu. La réception de l'œuvre en témoigne :

- certains y ont vu le récit d'un auteur collaborationniste, à cause de ce personnage d'officier allemand jugé trop sympathique ;
- d'autres ont critiqué l'aveuglement de Werner von Ebrennac face aux intentions réelles de sa hiérarchie militaire ;
- d'autres encore n'ont pas compris le silence de l'oncle et de la nièce face à cet officier plein de vertus.

Quoi qu'il en soit, ce court texte a fait grand bruit, puisqu'il est parvenu jusqu'à Londres, où le général de Gaulle a ordonné sa réédition.

Avec ce récit, Vercors est donc « en situation dans son époque, où chaque parole a des retentissements, chaque silence aussi », selon l'expression de Jean-Paul Sartre, fervent défenseur de la littérature engagée.

> **LA DÉDICACE À SAINT-POL ROUX**
>
> Saint-Pol Roux (poète symboliste français, 1861-1940) est un poète symboliste, ami de Jean Moulin (haut fonctionnaire et résistant français, 1899-1943). Il est mort six mois après qu'un soldat allemand, ivre, est entré dans son manoir en Bretagne, tuant la gouvernante et le blessant lui et une de ses filles. Il est ensuite emmené à l'hôpital de Brest. Lorsqu'il revient dans son manoir, c'est pour se rendre compte qu'il a pillé par les soldats allemands qui sont dans la région. Plus grave, ses nombreux écrits ont été entièrement détruits. Le choc est si grand pour le vieux poète qu'il en est mort de tristesse quelques mois plus tard.
>
> L'hommage de Vercors au poète est explicite : un tel crime, qui a été couvert par un pouvoir qui demande de collaborer et de cautionner ses dérives autoritaires et arbitraires, est inadmissible. Ceux qui acceptent cela se transforment donc en complices.

LE THÈME DU SILENCE

Le thème du silence est au centre de la nouvelle et donne son titre à l'ouvrage. Le terme « silence » lui-même compte

27 occurrences dans le récit.

Le silence de la maison

La grande bâtisse n'est pratiquement pas décrite. L'oncle et la nièce, faute de charbon, se sont installés dans une petite pièce où ils passent le plus clair de leur temps. L'action du récit se concentre dans cet espace confiné qui donne au *Silence de la mer* un aspect de huis clos étouffant.

Les deux personnages s'adonnent à des occupations silencieuses : le vieil homme fume sa pipe et lit tandis que sa nièce coud. Elle a abandonné la pratique de la musique depuis l'arrivée de l'officier. « L'immobilité de ma nièce, la mienne aussi sans doute, alourdissaient ce silence, le rendaient de plomb » (p. 20), dit le narrateur. L'univers sonore de la maison est donc réduit au monologue de l'officier et à son pas trainant, auquel l'oncle et la nièce tendent malgré eux l'oreille.

Le silence entre les personnages

Dans la nouvelle, l'accent est mis sur le mutisme du narrateur et de sa nièce face à Werner von Ebrennac, mais on peut également souligner celui qui règne entre les deux occupants de la maison : « D'un accord tacite, nous avions décidé, ma nièce et moi, de ne rien changer à notre vie, fût-ce le moindre détail » (p. 23), fait remarquer l'oncle. De même, c'est sans se concerter qu'ils décident tous deux de ne pas adresser la parole à l'officier. Une des rares paroles échangées par les deux personnages renvoie encore au silence, lorsque le narrateur, qui fait remarquer à sa nièce qu'il est offensant de ne pas répondre au jeune homme, si courtois envers eux, n'obtient comme réponse qu'un haussement de sourcils indigné.

C'est ce silence obstiné que l'oncle et la nièce opposent à l'officier qui est le plus pesant et qui imprègne toute l'œuvre. En effet, la majeure partie du texte est constituée par le monologue de Werner. Le silence est d'autant plus lourd que le discours que le jeune homme tient est loin d'être anodin : il ne se contente pas d'aligner de courtoises banalités à ses hôtes qu'il est conscient de déranger. Au contraire, il évoque le grave sujet de la guerre, son gout pour la musique et son amour pour la France. Ce dernier thème, qui le fait apparaitre complètement différent de ce que pouvaient attendre les deux Français d'un soldat ennemi, aurait dû créer un rapprochement entre les trois protagonistes. Du reste, l'oncle n'est jamais loin de rompre le silence, touché par les efforts de Werner dans lequel il reconnait un homme supérieur, bien que représentant de l'armée d'occupation.

Ce mutisme buté renforce en fait la parole de Werner et la force de ses arguments, que l'oncle et la nièce sont forcés d'entendre, puisqu'eux-mêmes ne parlent pas, laissant ainsi le champ complètement libre au jeune officier.

La communication finira par s'établir, au moment des adieux, révélant du même coup l'explication du titre : rien n'est plus trompeur que le silence de la mer. Il n'est jamais total, puisque l'eau est toujours en mouvement. Le calme trop évident de la nièce, qui avait toutefois à certains moments des réactions physiques très marquées, dissimule en réalité une certaine attirance qu'elle ne peut cacher à la fin du récit.

DEUX PERSONNAGES MÉTAPHORIQUES

Le thème principal des monologues de Werner est sa vision de la guerre entre la France et l'Allemagne : plutôt que d'y voir la domination d'un des deux territoires sur l'autre, il préfère envisager comme issue l'union future des deux nations, tellement complémentaires selon lui. En ce qui concerne la culture, par exemple, aux grands écrivains de la France répondent les compositeurs allemands. C'est d'ailleurs un prélude de Bach (1685-18750) que la nièce laisse ouvert sur l'harmonium et que joue Werner un soir. Le jeune homme reprend les paroles de son père qui croyait qu'Aristide Briand (homme politique français, 1862-1932), au terme de la Première Guerre mondiale (1914-1918), allait unir « comme mari et femme » (p. 25) la France et l'Allemagne. Cette première allusion à l'union souhaitée des deux pays, l'officier la fait en regardant fixement la jeune fille.

Dès lors, tout son discours a un double sens : attiré par la jeune fille, il dissimule (consciemment ou non) un message amoureux derrière son discours politique. Pour Vercors, la nièce est l'image de la France et Werner est celle de l'Allemagne. Le jeune homme semble au demeurant être le prototype du physique germanique. Lorsque l'officier parle de « vaincre le silence de la France » (p. 29) et souhaite un amour partagé entre les deux États, il souhaite évidemment entrer en communication avec la jeune fille. De même, lorsqu'il parle de « boire au sein de la France » (p. 32) sa richesse, on peut y voir une allégorie de la nation, mais également une image érotique.

Mais la jeune fille résiste à Werner comme la France résiste à l'Allemagne. La défaite finale de Werner (anticipation possible de la défaite future de l'Allemagne), vaincu par les arguments guerriers de ses camarades officiers, montre une dernière fois dans le récit l'entrecroisement constant des thèmes de l'union amoureuse et du rapprochement entre les peuples.

PISTES DE RÉFLEXION

QUELQUES QUESTIONS POUR APPROFONDIR SA RÉFLEXION…

- Dressez le portrait de la jeune fille dans *Le Silence de la mer*. Comment interprétez-vous son attitude ?
- Donnez une justification au titre de l'ouvrage. En quoi s'adapte-t-il aux différents silences à l'œuvre dans la nouvelle de Vercors ?
- Comment l'œuvre de Vercors se trouve-t-elle reliée à l'expérience personnelle de l'auteur ? Étudiez son contexte et sa réception.
- En quoi *Le Silence de la mer* peut-il être qualifié de récit engagé ?
- Résistance, engagement, union : étudiez les différents niveaux de lecture de ces termes que propose la nouvelle de Vercors.
- Repérez les grands axes du discours politique de Werner von Ebrennac et montrez en quoi il diffère de l'idéologie allemande.
- Quel est le tournant décisif du récit ? Que se passe-t-il et pourquoi ?
- Étudiez les réactions de l'oncle et de la nièce vis-à-vis de l'officier allemand. Sont-elles comparables ?
- Quel est le point de vue adopté pour la narration ? Quelle importance revêt ce choix de la part de l'auteur ?
- Quel rôle joue la culture française dans le récit ? Que représente-t-elle pour Werner ?

Votre avis nous intéresse !
Laissez un commentaire sur le site de votre librairie en ligne
et partagez vos coups de cœur sur les réseaux sociaux !

POUR ALLER PLUS LOIN

ÉDITION DE RÉFÉRENCE

- Vercors, *Le Silence de la mer*, Paris, Le Livre de Poche, 1994.

ÉTUDES DE RÉFÉRENCE

- Gibert-Joly N., « La bibliothèque dans *Le Silence de la mer*, un espace symbolique », in *Conserveries mémorielles* 2008, consulté le 15 septembre 2016, http://cm.revues.org/102
- Gibert-Joly N., « Vercors, un écrivain au-delà du silence », consulté le 15 septembre 2016, http://vercorsecrivain.pagesperso-orange.fr/index.html
- « Historique » in *Les Éditions de Minuit.fr*, consulté le 15 septembre 2016, http://www.leseditionsdeminuit.fr/unepage-historique-historique-1-1-0-1.html
- « Le régime de Vichy : origines et idéologie », in *Enseigner l'histoire de la Shoah.org*, 2011, consulté le 30 septembre 2016, http://www.enseigner-histoire-shoah.org/outils-et-ressources/fiches-thematiques/le-regime-de-vichy-et-les-juifs-1940-1944/le-regime-de-vichy-origines-et-ideologie.html
- Piette M., *Le Silence de la mer de Vercors*, Bruxelles, Lemaitre Publishing, coll. « Profil Littéraire », 2016.
- Rivera Lynch L. P., « *Le Silence de la mer* de Vercors ou Le Manifeste de la Résistance », in *PolitProductions*, 1993, consulté le 15 septembre 2016, http://politproductions.com/content/le-silence-de-la-mer-ou-le-manifeste-de-

la-r%C3%A9sistance
- Sculfort A., « 18 octobre 1940 : Décès de Saint-Pol-Roux », in *Salon littéraire*, 2012, consulté le 30 septembre 2016, http://salon-litteraire.linternaute.com/fr/ephemeride/review/1805278-18-octobre-1940-deces-de-saint-pol-roux
- Simonin A., *Les Éditions de Minuit : 1942-1955. Le devoir d'insoumission*, Imec, 2008.
- Steel J., *Littératures de l'ombre. Récits et nouvelles de la Résistance 1940-1944*, Paris, Presses de la Fondation nationale des sciences politiques, 1991.
- Vercors, *La Bataille du silence, souvenirs de minuit*, Paris, Presses de la Cité, 1967.
- « Vichy : La Collaboration de 1940 à 1945 », in *Histoire en questions*, s.d., consulté le 30 septembre 2016, http://www.histoire-en-questions.fr/vichy.html

ADAPTATIONS

- *Le Silence de la mer*, porté à l'écran par Jean-Pierre Melville, 1949.
- *Le Silence de la mer*, téléfilm réalisé par Pierre Boutron, 2004.

L'éditeur veille à la fiabilité des informations publiées, lesquelles ne pourraient toutefois engager sa responsabilité.

© LePetitLittéraire.fr, 2016. Tous droits réservés.

www.lepetitlitteraire.fr/

ISBN version numérique : 978-2-8062-5168-8
ISBN version papier : 978-2-8062-5213-5
Dépôt légal : D/2013/12603/78

Avec la collaboration d'Alexandre Randal pour les chapitres « Contexte historique » et « Les Éditions de Minuit », ainsi que pour l'encadré sur Saint-Pol Roux.

Conception numérique : Primento,
le partenaire numérique des éditeurs.

Ce titre a été réalisé avec le soutien de la Fédération Wallonie-Bruxelles, Service général des Lettres et du Livre.

Retrouvez notre offre complète sur lePetitLittéraire.fr

- des fiches de lectures
- des commentaires littéraires
- des questionnaires de lecture
- des résumés

ANOUILH
- Antigone

AUSTEN
- Orgueil et Préjugés

BALZAC
- Eugénie Grandet
- Le Père Goriot
- Illusions perdues

BARJAVEL
- La Nuit des temps

BEAUMARCHAIS
- Le Mariage de Figaro

BECKETT
- En attendant Godot

BRETON
- Nadja

CAMUS
- La Peste
- Les Justes
- L'Étranger

CARRÈRE
- Limonov

CÉLINE
- Voyage au bout de la nuit

CERVANTÈS
- Don Quichotte de la Manche

CHATEAUBRIAND
- Mémoires d'outre-tombe

CHODERLOS DE LACLOS
- Les Liaisons dangereuses

CHRÉTIEN DE TROYES
- Yvain ou le Chevalier au lion

CHRISTIE
- Dix Petits Nègres

CLAUDEL
- La Petite Fille de Monsieur Linh
- Le Rapport de Brodeck

COELHO
- L'Alchimiste

CONAN DOYLE
- Le Chien des Baskerville

DAI SIJIE
- Balzac et la Petite Tailleuse chinoise

DE GAULLE
- Mémoires de guerre III. Le Salut. 1944-1946

DE VIGAN
- No et moi

DICKER
- La Vérité sur l'affaire Harry Quebert

DIDEROT
- Supplément au Voyage de Bougainville

DUMAS
- Les Trois Mousquetaires

ÉNARD
- Parlez-leur de batailles, de rois et d'éléphants

FERRARI
- Le Sermon sur la chute de Rome

FLAUBERT
- Madame Bovary

FRANK
- Journal d'Anne Frank

FRED VARGAS
- Pars vite et reviens tard

GARY
- La Vie devant soi

GAUDÉ
- La Mort du roi Tsongor
- Le Soleil des Scorta

GAUTIER
- La Morte amoureuse
- Le Capitaine Fracasse

GAVALDA
- 35 kilos d'espoir

GIDE
- Les Faux-Monnayeurs

GIONO
- Le Grand Troupeau
- Le Hussard sur le toit

GIRAUDOUX
- La guerre de Troie n'aura pas lieu

GOLDING
- Sa Majesté des Mouches

GRIMBERT
- Un secret

HEMINGWAY
- Le Vieil Homme et la Mer

HESSEL
- Indignez-vous !

HOMÈRE
- L'Odyssée

HUGO
- Le Dernier Jour d'un condamné
- Les Misérables
- Notre-Dame de Paris

HUXLEY
- Le Meilleur des mondes

IONESCO
- Rhinocéros
- La Cantatrice chauve

JARY
- Ubu roi

JENNI
- L'Art français de la guerre

JOFFO
- Un sac de billes

KAFKA
- La Métamorphose

KEROUAC
- Sur la route

KESSEL
- Le Lion

LARSSON
- Millenium I. Les hommes qui n'aimaient pas les femmes

LE CLÉZIO
- Mondo

LEVI
- Si c'est un homme

LEVY
- Et si c'était vrai...

MAALOUF
- Léon l'Africain

MALRAUX
- La Condition humaine

MARIVAUX
- La Double Inconstance
- Le Jeu de l'amour et du hasard

MARTINEZ
- Du domaine des murmures

MAUPASSANT
- Boule de suif
- Le Horla
- Une vie

MAURIAC
- Le Nœud de vipères

MAURIAC
- Le Sagouin

MÉRIMÉE
- Tamango
- Colomba

MERLE
- La mort est mon métier

MOLIÈRE
- Le Misanthrope
- L'Avare
- Le Bourgeois gentilhomme

MONTAIGNE
- Essais

MORPURGO
- Le Roi Arthur

MUSSET
- Lorenzaccio

MUSSO
- Que serais-je sans toi ?

NOTHOMB
- Stupeur et Tremblements

ORWELL
- La Ferme des animaux
- 1984

PAGNOL
- La Gloire de mon père

PANCOL
- Les Yeux jaunes des crocodiles

PASCAL
- Pensées

PENNAC
- Au bonheur des ogres

POE
- La Chute de la maison Usher

PROUST
- Du côté de chez Swann

QUENEAU
- Zazie dans le métro

QUIGNARD
- Tous les matins du monde

RABELAIS
- Gargantua

RACINE
- Andromaque
- Britannicus
- Phèdre

ROUSSEAU
- Confessions

ROSTAND
- Cyrano de Bergerac

ROWLING
- Harry Potter à l'école des sorciers

SAINT-EXUPÉRY
- Le Petit Prince
- Vol de nuit

SARTRE
- Huis clos
- La Nausée
- Les Mouches

SCHLINK
- Le Liseur

Schmitt
- La Part de l'autre
- Oscar et la Dame rose

Sepulveda
- Le Vieux qui lisait des romans d'amour

Shakespeare
- Roméo et Juliette

Simenon
- Le Chien jaune

Steeman
- L'Assassin habite au 21

Steinbeck
- Des souris et des hommes

Stendhal
- Le Rouge et le Noir

Stevenson
- L'Île au trésor

Süskind
- Le Parfum

Tolstoï
- Anna Karénine

Tournier
- Vendredi ou la Vie sauvage

Toussaint
- Fuir

Uhlman
- L'Ami retrouvé

Verne
- Le Tour du monde en 80 jours
- Vingt mille lieues sous les mers
- Voyage au centre de la terre

Vian
- L'Écume des jours

Voltaire
- Candide

Wells
- La Guerre des mondes

Yourcenar
- Mémoires d'Hadrien

Zola
- Au bonheur des dames
- L'Assommoir
- Germinal

Zweig
- Le Joueur d'échecs

Printed in Germany
by Amazon Distribution
GmbH, Leipzig